The Year of the Crab

By Mariano Peyrou

POETRY

La voluntad de equilibrio (2000)
A veces transparente (2004)
La sal (2005)
Estudio de lo visible (2007)
Temperatura voz (2010)
Niños enamorados (2015)
El año del cangrejo (2017)

FICTION

La tristeza de las fiestas (2014 — short stories)
De los otros (2016 — novel)

Mariano Peyrou

The Year of the Crab
El año del cangrejo

translated from Spanish by
Terence Dooley

Shearsman Books

First published in the United Kingdom in 2019 by
Shearsman Books
50 Westons Hill Drive
Emersons Green
BRISTOL
BS16 7DF

Shearsman Books Ltd Registered Office
30–31 St. James Place, Mangotsfield, Bristol BS16 9JB
(this address not for correspondence)

www.shearsman.com

ISBN 978-1-84861-638-7

Copyright © Mariano Peyrou, 2017.

Translations copyright © Terence Dooley, 2019.

The right of Mariano Peyrou to be identified as the author of this work, and of Terence Dooley to be identified as the translator thereof, has been asserted by them in accordance with the Copyrights, Designs and Patents Act of 1988.
All rights reserved.

El año del cangrejo was first published in 2017
by Pre-Textos, Valencia

Contents

I   7

II   41

III   63

I

I

El año del cangrejo nos acostumbramos a caminar de lado para no despertar a nadie.

Las chicas tenían labios casi del mismo color que la piel pero a mí no me interesaba besarlas; lo único que quería era que me dejaran soñar.

Los chicos quisieron hacerse amigos míos y yo los observaba desde lejos.

A veces corría al puesto de los socorristas para pedirles un papel y un lápiz, cuando se me ocurría una idea.

Todas las noches me alejaba unos pasos de la casa para sentir la respiración de los árboles y tratar de respirar con ellos.

Y había una mujer que podía ser mi madre o mi hija. Se llamaba Inés. Era alta y vegetal y dueña de muchísimos espacios.

Pescábamos por la mañana y dedicábamos las tardes a los árboles frutales, a la recolección del laurel, a los placeres de la melancolía y al dibujo. Por la noche, entre los murciélagos y las montañas, dábamos largos paseos por los senderos opacos, conversando con los perros e inventando nombres para las flores silvestres.

Las pinzas aparecían entre la arena en los destellos de la imaginación y teníamos miedo y buen humor. En el resto del país, los esclavos de la realidad hablaban de economía. Los niños se habían vuelto malos.

In the year of the crab we used to walk sideways so as
    not to wake anybody.

The girls had lips almost the same colour as their skin
    but I wasn't interested in kissing them; I only wanted
    them to let me dream.

The boys wanted to make friends with me and I
    watched them from a distance.

Sometimes I ran to the lifeguards' station to borrow
    pencil and paper, when I had an idea.

Every night I walked a little way away from the house to
    feel the trees breathing and try to breathe with them.

And a woman was there who could be my mother or my
    daughter. Her name was Inés. She was tall and plant-
    like and owned many spaces.

We went fishing in the mornings and devoted the after-
    noons to fruit-trees, to picking bay leaves, to the
    enjoyment of melancholy and to drawing. At night,
    we went for long walks amidst bats and mountains
    on opaque paths, talking to the dogs and making up
    names for wildflowers.

Pincers appeared in the sand in our glimmering
    imaginations and we were fearful and cheerful. In the
    rest of the land slaves to reality spoke of the economy.
    The children turned nasty.

Teníamos la boca llena de miedo y la vista en algún punto fijo del horizonte, en las velas o en la curvatura final, el límite del miedo.

La noche de luna llena bailamos junto al mar, de la mano, una ceremonia para no perder nunca la complicidad, unas palabras mágicas pronunciadas en el dialecto local.

Y saqué una foto de la luna para mandársela a Inés, pero ella antes me mandó una de la luna donde estaba ella. Ahora todos teníamos dos lunas menos yo, que siempre había tenido una luna y ahora tenía tres. E Inés flotaba por encima del verano.

La casa empezó a llenarse de arena y estábamos muy contentos con nuestras escobas.

La casa empezó a llenarse de limones que los niños traían del huerto. Una montaña de limones como símbolos de lo que no se sabe.

La casa empezó a llenarse de cerraduras y estábamos muy tranquilos con nuestras llaves.

La casa empezó a llenarse de preguntas y de viajes al aeropuerto. Teníamos un cangrejo en la boca y había que cuidarlo, masticar despacio para que no se despertara.

* * *

Our mouths were full of fear and we kept our gaze fixed
    on the horizon, on sailboats or on the last arc, the
    edge of fear.

At the full moon we danced by the sea, hand in hand,
    a rite to immortalise the understanding between us,
    a magic spell spoken aloud in the local dialect.

And I took a photo of the moon to send to Inés, but she
    sent me a photo of the moon where she was before I
    could send mine. Now everyone had two moons
    apart from me, who had always had one moon and
    had three now. And Inés floated over the summer.

The house began to fill with sand and we were very happy
    with our brooms.

The house began to fill with lemons the children brought
    in from the orchard. A mountain of lemons
    symbolising the unknown.

The house began to fill with locks and we were very
    tranquil with our keys.

The house began to fill with questions and travel to the
    airport. We had a crab in our mouth, and you had
    to be careful with it, chew slowly so it didn't wake.

* * *

El telegráfono merodeaba cerca de la costa, luchaba con las algas gigantes o huía de ellas.

Las pelotas se quedaban botando en el patio, tal vez durante horas, para que soñáramos con ellas a la hora de la siesta.

Ella estaba acostada en su cuarto.

Las hamacas del jardín nos pedían que nos acostáramos en ellas pero nos daban frío.

Nos vengábamos peinando a las arañas: el cuerpo por un lado, las largas patas hacia el otro, y ellas se alejaban cojeando sobre la hierba y planeando su venganza.

Las estrellas nos ayudaban a explicarles a los niños que los fantasmas no existen y los fantasmas nos estimulaban con su energía para no volver.

De la noche escolar surgió un individuo maltrecho y demasiado simpático que no obtuvo nuestra admiración.

Los tomates cambiaban de sabor y de significado a lo largo del día.

La lentitud de Inés era lo que más me gustaba de ella, y su manera de prometer cosas con las pupilas mientras las negaba con los párpados.

The telegraphone prowled offshore, wrestled with giant
    algae or fled them.

Balls bounced up and down the patio, for hours maybe,
    so that we would dream of them at siesta time.

She was in bed in her room.

The garden hammocks pleaded with us to lie in them,
    but we got too cold.

We took our revenge by combing the spiders: their bodies
    towards us and their long legs on the other side, and
    they limped off across the lawn, plotting a reprisal.

The stars helped us explain to the children there was no
    such thing as ghosts and the ghosts persuaded us with
    their energy not to go back.

Out of the school night came a dilapidated man too nice
    to be admired.

Tomatoes tasted different and meant something different
    from hour to hour.

Inés's slowness was what I liked best about her, and the
    way her pupils promised what her eyelids denied.

Había una navaja debajo del agua y la sangre dejó un rastro desde la orilla hasta la casa, una serie de puntos intermitentes que se veía desde las nubes. No hay que olvidar que el telegráfono nadaba entre tiburones.

Tuvimos que volvernos malos con los niños.

Cuando encontramos los toboganes gigantes, entre deslizamientos simbólicos y salvajes, descubrimos una estrategia para hacernos amigos de nuestros enemigos. Era una manera de estar en dos sitios a la vez. Un intento por adecuar lo interior y lo exterior.

Hicimos una excursión para inventar el queso pero no salió muy bien. Al cangrejo no le gustaban ni el queso ni las excursiones. Ella no podía salir de su cuarto.

Y algunas veces Inés se entusiasmaba; otras se deprimía y entonces soñaba con universos inmutables, con el pasado, con el silencio de sus amantes. Yo ya no quería fingir más, y eso le molestaba. Se despertaba asustada pero no estaba a punto de morirse. Hacía bromas. Eso me gustaba mucho.

***

El telegráfono tenía calor.

Yo tenía frío.

There was a knife in the water and a trail of blood from the seashore to the house, an irregular succession of spots you could see from up in the clouds. We mustn't forget the telegraphone swam with sharks.

We were obliged to be nasty to the children.

When we found the giant slides, between wild and symbolic slitherings, we invented a strategy to make friends with our enemies. It was a way of being in two places at once. An attempt to balance the inward and the outward.

We made an excursion to discover cheese but it wasn't a success. The crab disliked both cheese and excursions. She couldn't leave her room.

And sometimes Inés was buzzing, other times she was sad and then she dreamt of immutable universes, of the past, of her lovers' silences. I didn't want to pretend anymore, and that bothered her. She woke in fright but death was far away. She made jokes. I really liked that.

* * *

The telegraphone was hot.

I was cold.

Ella tenía náuseas y una colonia de cangrejos en la imaginación.

Inés tenía dudas y una sed sin objeto.

Los niños tenían sueño y energía.

Las hojas de laurel tenían unas ingenuas esperanzas de reconciliación.

Las camas estaban llenas de cuentos y mimos y secretos.

El azar tenía dudas y un cubilete lleno de secretos.

La sed tenía hambre y el hambre tenía náuseas y miedo.

Yo también tenía sueño y energía.

* * *

Todos los días cambiábamos de teatro de operaciones para eludir la rutina, pero necesitábamos la rutina más que nunca.

La casa empezó a llenarse de bulbos y de flores.

Yo me acordaba de cuando los niños éramos nosotros y ella leía a la hora de la siesta y yo también trataba de leer, solo en mi cuarto. Así aprendí lo que eran el tiempo y el peso de las esperas.

She felt queasy and had a crab colony on the brain.

Inés had doubts and an undirected thirst.

The children were sleepy and energetic.

The bay leaves had a naive belief in reconciliation.

The beds were full of tales and cuddles and secrets.

Chance had doubts and a dice-cup full of secrets.

Thirst was hungry and hunger was queasy and scared.

I was sleepy and energetic too.

* * *

Every day we changed our theatre of operations to vary the routine, but it was routine we needed more than ever.

The house began to fill with bulbs and flowers.

I remembered when we were the children and she read at siesta time and I tried to read too, by myself in my room. In this way I came to understand time and the burden of awaiting.

Ahora ella no podía leer y por lo tanto no era nada.

En mi primer recuerdo nadábamos en una piscina y había bulbos e higos y otras frutas simbólicas.

El telegráfono avanzaba por un túnel. Yo lo esperaba al final y le miraba la cara durante todo el trayecto. Entonces parecía que nunca nos haría falta nada más.

Cuando llegaba al final del túnel, me picaba delicadamente y volvía a empezar. Al final siempre nos hacíamos amigos. Luego me daba de comer arena y hojas secas y trozos de ramas y caracolas.

Y quería contárselo todo a Inés pero Inés sólo me dejaba contarle algunas cosas.

* * *

Ella estaba contenta porque los niños le traían flores y limones y se subían a su cama como si estuviera viva.

Yo estaba contento porque Inés me dejaba soñar durante todo el día, aunque por la noche me despertara con un cangrejo en la garganta.

Las chicas estaban contentas porque las miraba y no decía nada.

Now she couldn't read and therefore was nothing.

In my first memory we swam in a swimming-pool and there were bulbs and figs and other symbolic fruit.

The telegraphone was moving towards me through a tunnel. I was waiting at the tunnel-mouth watching his face all the way. Then it seemed we would never need more than this.

When it got to the tunnel-mouth it stung me lightly and went back to the beginning. In the end we always made friends. Then it fed me sand and dry leaves and twigs and conches.

And I wanted to tell Inés all about it but she would only listen to a few things.

* * *

She was happy because the children brought her flowers and lemons and climbed on her bed as if she were alive.

I was happy too because Inés let me dream all day, but I woke up at night with a crab in my throat.

The girls were happy because I gazed at them and didn't say anything.

Los socorristas estaban contentos porque los niños los ayudaban a izar las banderas cada día.

* * *

Cuando se apagaban las luces, incluida la de mi luna secreta, me iba metiendo en un mundo que sólo intuitivamente podía concebir y valorar y cuya estética me hacía dejar la ventana abierta.

Cuando sólo se apagaba la luz de mi luna secreta, iba corriendo a buscar a los niños y los llevaba a cazar saltamontes.

Cazábamos saltamontes en secreto y los contábamos, verdes y marrones. Después los dejábamos en libertad.

* * *

El sonido del mar nos acompañaba toda la noche.

La forma del cangrejo nos acompañaba desde las playas hasta los pinares.

La idea de la desaparición nos acompañaba desde las piedras hasta los dibujos.

Ella me había acompañado toda la vida.

Inés estaba sola.

The lifeguards were happy because every day the children helped them hoist their flags.

* * *

When the lights went out, including the light of my secret moon, I sank into a world I could only imagine or value intuitively, whose aesthetic required me to leave the window open.

When it was just my secret moon that went out, I ran to fetch the children and took them out with me grasshopper-hunting.

We hunted grasshoppers in secret and counted them up, the green ones and the brown ones. Then we set them free.

* * *

The sound of the sea accompanied us all night.

The shape of the crab accompanied us from the beach to the pinewoods.

The idea of vanishing accompanied us from the pebbles to the drawings.

She had accompanied me my whole life long.

Inés was alone.

* * *

Los dibujos nos despertaban y nos traían regalos.

Cada día aprendíamos algunas palabras en el dialecto local.

Practicábamos la técnica mixta para eludir la rutina y para justificar los constantes fracasos.

Los colores se encendían a la hora de la siesta. Había mucha luz.

Los colores abrían túneles en el jardín. Eran túneles que podían llevar a cualquier parte. Eso al telegráfono le gustaba mucho.

La casa se llenó de colores alegres que nos transmitían una tristeza inconcebible.

Las primeras palabras que aprendimos en el dialecto local fueron día, noche, luna, mar, aeropuerto, arbitrariedad y cangrejo.

Teníamos ganas de viajar pero nos daba una tristeza inconcebible que se perdieran para siempre tantos recuerdos y todas las palabras que habíamos aprendido.

* * *

* * *

The drawings woke us up and brought us presents.

Every day we learnt a few words in the local dialect.

We worked in mixed media for the sake of variety and to justify our constant failures.

The colours caught fire at siesta time. Everything was lit up.

The colours made tunnels in the garden. They were tunnels that could lead anywhere. The telegraphone really liked this.

The house filled with cheerful colours which saddened us beyond measure.

The first words we learned in the local dialect were day, night, moon, sea, airport, randomness and crab.

We longed to travel but it saddened us beyond measure that so many memories and all the words we'd learned would be lost forever.

* * *

A veces parecía que podríamos satisfacer los deseos contradictorios.

El telegráfono estaba encerrado en una cárcel de miedo.

Esperábamos alguna noticia, cualquiera, y todo el tiempo llegaban noticias.

Nos metíamos en el mar y esperábamos alguna ola.

Nos metíamos en el mar y esperábamos mojarnos.

El telegráfono no estaba satisfecho con la musicalidad de sus dibujos.

Estábamos encerrados en una cárcel de miedo y no sabíamos rezar.

* * *

Algunas tardes escribíamos alfabetos con un palo en la arena de la playa. Yo les sacaba fotos pero nunca se las mandaba a Inés.

Jugábamos al anagrama rumano e Inés siempre quería ganar. Yo, en cierto modo, prefería perder, para que ella ganara y ampliara sus espacios.

Estudiábamos dibujo y los progresos eran tristes, nos obligaban a valorar el esfuerzo por encima del

Sometimes it seemed we could satisfy opposing desires.

The telegraphone was locked in a prison of fear.

We waited for news, any news, and news kept coming.

We stood in the sea and waited for a wave.

We stood in the sea and waited to get wet.

The telegraphone found his drawings insufficiently melodic.

We were locked in a prison of fear and unable to pray.

* * *

Sometimes, in the afternoon, we wrote alphabets in the sand with sticks. I took photos of them, but I didn't send the photos to Inés.

We played anagrams of Romania and Inés always wanted to win. Somehow I preferred losing, so she could win, and add to her spaces.

We studied drawing and made wretched progress, we were obliged to prize effort over talent. We had to accept that every skill has to be learnt.

talento. Había que renunciar a la fantasía de poder hacer algo sin necesidad de aprenderlo.

Esos valores, la paciencia, la perseverancia, se fueron instalando en una esquina del verano.

El telegráfono contrarrestaba los efectos secundarios de la paciencia y la perseverancia con su libertad.

Los niños también contrarrestaban sus efectos secundarios; nadie quería encerrarlos en una cárcel de paciencia.

Yo necesitaba un amor incondicional. No podía aceptar un amor adulto, sujeto a los vaivenes de la economía. Parecía un rasgo romántico pero era todo lo contrario. Hay algo muerto en el amor de una madre, lo inmóvil.

Inés era un invento del verano.

* * *

La economía quería hacerse amiga del miedo.

Yo quería hacerme amigo del cangrejo.

El telegráfono quería hacerse amigo de las algas.

Los niños querían hacerse amigos de los saltamontes y el azar.

Those values, patience, perseverance, took up residence in one corner of the summer.

The telegraphone countered the side effects of patience and perseverance with his freedom.

The children too countered their side effects; no-one wanted to lock them up in a prison of patience.

I needed unconditional love. I couldn't accept a grown-up love, subject to the ups and downs of the economy. It seemed romantic of me, but it was quite the opposite. There's something dead in a mother's love, its unyieldingness.

Inés was an idea the summer had.

* * *

The economy wanted to make friends with fear.

I wanted to make friends with the crab.

The telegraphone wanted to make friends with the algae.

The children wanted to make friends with grasshoppers and chance.

Ella quería hacerse amiga de la rutina.

La tristeza quería hacerse amiga del aburrimiento pero no podía.

Nos deslizábamos sobre la superficie de las cosas y yo quería atravesarla pero no podía.

El dialecto local quería hacerse amigo del azar y la arbitrariedad.

Inés quería hacerse amiga del aeropuerto. Todos los aviones piensan en ti.

* * *

Cuando el telegráfono no me quería, me sumergía en el mar y dejaba que las olas me arrastraran con la boca abierta.

Cuando los niños no me querían, los torturaba para siempre mostrándoles las imperfecciones de mi sistema nervioso.

Cuando Inés no me quería, hacía bromas y fingía que era incapaz de fingir.

Cuando ella no me quería, yo tampoco podía quererme y me deterioraba como una piedra envuelta en un papel envuelto en una playa envuelta en lluvia.

She wanted to make friends with routine.

Sadness wanted to make friends with boredom but couldn't.

We slid over the surface of things and I wanted to breach it but I couldn't.

The local dialect wanted to make friends with chance and randomness.

Inés wanted to make friends with the airport. All aeroplanes think of you.

* * *

When the telegraphone didn't love me, I submerged myself in the sea, and let the waves drag me out, with my mouth open.

When the children didn't love me, I tortured them forever revealing to them the deficiencies of my nervous system.

When Inés didn't love me, I made jokes and pretended I was incapable of pretence.

When she didn't love me, I couldn't love me either and I eroded like a stone wrapped in paper wrapped in a beach wrapped in rain.

* * *

Golpeábamos la superficie de las cosas con piedras, con papeles, con pinzas, con rápidos aleteos impotentes sobre los acantilados, con colores, con la maña del deseo, con enigmas y absoluto para no volver.

Estudiábamos dibujo y aprendimos a convivir con el error; nos equivocábamos varias veces al día.

No queríamos dibujar mejor, sólo conquistar la libertad y aprender lo que es el tiempo.

* * *

Hacíamos escobas con las ramas de los pinos. Había que barrer toda la playa.

A veces el telegráfono desaparecía un par de días y yo me instalaba en todas las hamacas o me metía en la cocina y dibujaba flores muertas.

La bipolaridad de mis actividades no me parecía mal. No veía en ella nada falso.

Pensaba en mi propio cangrejo y en todo lo que lo alimentaba.

Pensaba que Inés era una ola del mar y me preguntaba si todas las olas son la misma ola.

* * *

We struck the surface of things with stones, with sheets of paper, with pincers, with rapid impotent flapping over the cliffs, with colours, with the arts of desire, with enigmas and an absolute no going back.

We studied drawing and we learned to tolerate mistakes; several times a day we made mistakes.

We didn't want to draw better, only to gain freedom and learn the nature of time.

* * *

We made brooms with pine-tree branches. There was the whole beach we had to sweep.

Sometimes the telegraphone went missing for a day or two, and I climbed into all the hammocks or went and sat in the kitchen and drew dead flowers.

The bipolarity of my activities didn't trouble me. There didn't seem to be anything phoney in it.

I thought of my own crab and all the things that fed it.

I thought Inés was a wave of the sea and I wondered if all waves are the same wave.

Inés era un mar y no lo sabía.

Debajo de cada mar hay otro mar.

Los niños estaban contentos y se convertían en niños varias veces al día.

El color rojo de los dibujos me hacía pensar en el pasado y en las desapariciones.

El color azul de los dibujos me hacía pensar en Inés y en atravesar la superficie de las cosas, hacer estallar la realidad y encontrar algo cuyo nombre todavía no había sido inventado.

* * *

El telegráfono rechazaba cualquier idea de desaparición y arrastraba jirones de pasado. Eso me conmovía mucho.

Los demás, en cambio, íbamos modificando el pasado imperceptiblemente cada día.

A veces el pasado sufría mutaciones enormes y se volvía nuevo durante un rato.

Yo quería un pasado nuevo y lo buscaba golpeando en la superficie de las cosas.

* * *

Inés was a sea and she didn't know.

Beneath every sea is another sea.

The children were happy and they became children several times a day.

The red colour of the drawings made me think of the past and of vanishing.

The blue colour of the drawings made me think of Inés, and of breaching the surface of things, exploding reality and discovering something no-one had named yet.

* * *

The telegraphone rejected any idea of vanishing and dragged shreds of the past behind him. I was much moved by this.

The rest of us, however, modified the past imperceptibly day by day.

Sometimes the past suffered enormous changes and became new for a time.

I wanted a new past and sought it by striking the surface of things.

* * *

Según cuenta la Biblia, hubo un cangrejo que quería construir un fonógrafo capaz de reproducir todos los sonidos del mundo. Entonces una tortuga ideó un disco con unos sonidos que hicieron vibrar el fonógrafo de tal modo que estalló. El cangrejo fabricó un fonógrafo mejor. La tortuga le regaló otro disco. Así pasaron varios años. Al final el fonógrafo era tan complejo que no cabía en la playa; examinaba cada disco y se reensamblaba de modo que las vibraciones que emitía no le causaran ningún daño.

Yo no sabía si pertenecía al linaje del cangrejo o al de la tortuga.

Pensé que los discos representaban la realidad y el fonógrafo los esquemas interpretativos.

Pensé que los discos representaban los amores y el fonógrafo la capacidad de amar.

Las tardes eran largas y agotadoras. Nunca terminábamos de aprender.

Los niños dejaban de existir y las tardes se llenaban de huecos.

El telegráfono estaba solo y viajaba por los mares del mundo.

Inés estaba quieta o moviéndose al otro lado de las cosas.

* * *

The Bible says, there once was a crab who wanted to build a gramophone capable of reproducing all the sounds in the world. Then a turtle came up with a disc that made the gramophone vibrate so much it blew up. The crab built a better gramophone. The turtle came up with another disc. This went on for years. In the end the gramophone became so complex it wouldn't fit on the beach; it examined each disc and reassembled itself so the vibrations from the new disc wouldn't damage it.

I didn't know if I descended from the crab or from the turtle.

I thought the discs represented reality and the gramophone interpretive schemata.

I thought the discs represented love-affairs and the gramophone the ability to love.

The afternoons were long and exhausting. We never stopped learning.

The children no longer existed and the afternoons filled with holes.

The telegraphone was alone and travelled the seas of the world.

Inés was still or in motion on the other side of things.

* * *

Pensé que los niños podrían proporcionarme un pasado nuevo pero era al contrario: el pasado se volvía cada vez más rígido junto a ellos, desaparecía toda contingencia.

Pensé que esa rigidez fomentaba la interpretación, que la escalada de fonógrafos y discos desviaba la atención hacia la técnica y la apartaba del sonido, que nunca dejaría que eso sucediera con nuestros dibujos y alfabetos.

Los niños, en cambio, volvían a la existencia con distintas identidades cada vez. No era fácil mantenerse al día bajo una lluvia de cangrejos.

Ahora Inés era mi hija y yo me imaginaba jugando con ella a la seducción. O podría hacerse novia del telegráfono y entonces todos seríamos más libres.

Ahora Inés era mi madre y yo tenía que domesticar al cangrejo que caminaba por encima de su cuerpo para que no le hiciera daño.

* * *

El pasado y el futuro eran cada vez más rígidos.

Según cuenta la Biblia, hay artistas que se instalan un par de años en alguna ciudad idealizada para dedicarse a crear. Qué diferentes de nosotros, que podíamos

I thought the children could provide me with a new past, but no: in their company the past became more and more unyielding, any contingency vanished into thin air.

I thought this unyieldingness promoted interpretation, and the escalation of gramophones and discs diverted our attention towards technique and away from sound, and that I would never let this happen to our drawings and alphabets.

The children lacked this unyieldingness: they always awoke with a new identity. It was hard to know where you were beneath a deluge of crabs.

Now Inés was my daughter and I imagined playing the game of seduction with her. Or she could hook up with the telegraphone and that would give us all some space.

Now Inés was my mother and I had to tame the crab that crawled all over her body so it wouldn't hurt her.

* * *

The past and the future became more and more unyielding.

The Bible says, there are artists who move to an idealised city for a couple of years, to devote themselves to

dibujar unos minutos y ya teníamos que ir a buscar limones o a cuidar las hamacas.

Aprendimos a dibujar óvalos para poder representar el hogar idealizado.

La casa empezó a llenarse de óvalos y estábamos muy tranquilos conteniendo al cangrejo.

Inés podría ser mi hija y mi madre, un óvalo, contención para la angustia y recipiente para la ternura.

Inés prefería caminar con sus pies por el mundo, volar sobre mis mares con las alas que yo le había imaginado.

En el momento en que supe lo que estaba buscando, supe también que nunca lo encontraría.

El enamoramiento de un objeto idealizado, la idealización de un objeto del que enamorarme, era mi principal talento y era precisamente el que tenía que disimular.

Yo ya no quería disimular y miraba las alas de Inés sin decir nada.

El año del cangrejo aprendí lo que significa aprender, la rigidez y la pérdida de todo aprendizaje.

their art. How different from us, who couldn't draw for more than a few minutes without having to go and pick lemons or see to the hammocks.

We learnt to draw ovals so as to be able to represent the idealised home.

The house began to fill with ovals and we were very tranquil containing the crab.

Inés could be my daughter and my mother, an oval, a container for anguish, recipient for love.

Inés would rather walk the world on foot, fly over my oceans with the wings I imagined for her.

The instant I realised what I was looking for, I realised I would never find it.

Falling in love with an idealised object, idealising an object to fall in love with, this was my main talent, and the very one I must take pains to hide.

I no longer wished to hide and I gazed at Inés's wings in silence.

In the year of the crab I learnt what it means to learn, and the unyieldingness and loss all learning entails.

II

II

Según cuenta la Biblia, hay varias soluciones para cada problema pero sólo un problema para cada solución.

En mi primer recuerdo había muchos nombres y había que relacionarse con todos.

En mi primer recuerdo estaba con otro niño y los dos comíamos un bocadillo de queso. Era una foto. Ella debía estar por ahí cerca.

Nunca me habían gustado las fotos y ahora me gustaban.

En mi primer recuerdo había una prima callada y yo afirmaba que estaba pensando.

En mi primer recuerdo saltábamos sobre la cama en la casa de mi tía. La excitación era tan grande que me desbordaba y se extendía sobre toda la ciudad. Ella la recogió y la envolvió para siempre.

Mi tía también estaba muerta desde hacía media vida.

En mi primer recuerdo íbamos al hospital en autobús. Nos sentamos en la última fila y los árboles nos saludaban rozando la ventana con sus flores azules. Ella nos esperaba con sus flores amarillas.

En mi primer recuerdo atravesábamos la noche y el país para ir a enterrar a mi tía muerta. En el tren, mientras todos dormían, conocí a una extranjera que tocaba el oboe y encontré un motivo para vivir.

The Bible says, there are many solutions for every problem but only one problem for every solution.

In my earliest memory there were many names and you had to engage with all of them.

In my earliest memory I was with another boy and both of us were eating cheese sandwiches. It was a photo. She must have been somewhere nearby.

Photos had never appealed to me, but they did now.

In my earliest memory there was a silent girl-cousin and I said she must be deep in thought.

In my earliest memory we were bouncing on a bed in my aunt's house. I was so excited my excitement spilled over and covered the whole city. She wrapped it up and packed it away for good.

Also my aunt had been dead for half a lifetime.

In my earliest memory we were going to the hospital by bus. We sat in the back row and the trees greeted us, brushing against the window with their blue flowers. She was there to meet us with her yellow flowers.

In my earliest memory we were travelling through the night and the country for my aunt's funeral. In the train, when everyone else was asleep, I met a foreign girl who played the oboe and I found a reason to live.

Pensé que si era necesario podía convertirme casi en cualquiera para Inés, pero lo necesario era no fingir sobre esa playa llovida de cangrejos.

En el dialecto local sólo se podía contar hasta nueve. Los números terminaban ahí.

En mi primer recuerdo teníamos que volver a casa y no queríamos.

* * *

La casa estaba llena de muertas y el cangrejo se imaginaba que se sentía orgulloso.

Los tomates nos querían decir algo.

Decidimos dedicar una esquina del huerto a alimentar a los viajeros.

Según cuenta la Biblia, cuando uno ya no tiene nada, puede emprender un viaje sin retorno. Sólo debe liberarse del deseo de todo lo material y carecer de destino y encontrarse a sí mismo. Parece una inversión de los valores burgueses pero es todo lo contrario, ya que no hay ninguna renuncia: sólo quienes no tienen nada afrontan esa aventura.

Pensé que ella no estaba preparada para un viaje como ése.

I thought I could change myself into anything at all for Inés's sake, if necessary, but that what was necessary was not to pretend on this crab-soaked beach.

You could only count up to nine in the local dialect. The numbers ended there.

In my earliest memory we had to go back home and we didn't want to.

* * *

The house was full of dead women and the crab imagined he was proud.

The tomatoes had something they wanted to tell us.

We decided to devote part of the orchard to feeding travellers.

The Bible says, when you have nothing you can embark on a one-way journey. All you have to do is renounce all material goods, and chance and fate, and find your true self. It seems like an inversion of bourgeois values but it's the absolute opposite, since you don't have to give anything up: only people who have nothing may undertake this adventure.

I thought she wasn't ready for that kind of journey

A veces ella nos hacía sentir que no tenía nada. Era una manera de hacernos sentir que no éramos nada.

Yo no podía imaginarme que ella descansara nunca.

* * *

Un día se nos ocurrió dibujar cangrejos.

Según cuenta la Biblia, un joven metió todos sus problemas en un saco y salió de viaje. Volvió a su aldea después de veinte años. ¿Qué traes en el saco?, le preguntaron. Problemas, dijo él. Entonces tu viaje ha sido inútil. Te fuiste y vuelves con el mismo saco lleno de problemas, se burlaron. Y él les explicó: Es que estos son problemas nuevos.

Empecé a dibujar cosas que existían. Nunca me había gustado esa clase de dibujos.

* * *

Inés no quería pensar en el futuro.

Los niños no sabían pensar en el futuro.

Nosotros no queríamos pensar en el futuro. Yo quería un pasado nuevo y lo buscaba pensando en el futuro.

Ella no podía pensar en el futuro.

Sometimes she gave us the feeling she had nothing. It was a way of making us feel we were nothing.

I couldn't imagine her ever at rest.

* * *

One day we thought we'd draw crabs.

The Bible says, a young man packed all his troubles in a bag and went off on his travels. Twenty years later he returned to his village. What's in your bag? they asked him. Troubles, he said. Then what was the point of going away? You went off and now you're back with same bagful of troubles, they mocked him. And he explained: These are different troubles.

I started drawing real things. That kind of drawing had never appealed to me.

* * *

Inés didn't want to think about the future.

The children didn't know how to think of the future.

We didn't want to think about the future. I wanted a new past and sought it by thinking about the future.

She couldn't think about the future.

Decidimos dedicarle una esquina del cangrejo al futuro.

La casa estaba llena de nueves y, como en el falso cambio de milenio, esperábamos la llegada de los ceros.

* * *

Pensé que no podía dejar de fingir. Si dejaba de fingir, me acostaría al sol sobre el desierto de la playa y me deshidrataría hasta la desaparición. Entonces los niños vendrían a barrer mis huesos junto con los caparazones vacíos de los cangrejos.

Pensé que lo que yo quería era estar al principio de las cosas.

Pensé que si dejaba de fingir, los chicos ya no querrían ser amigos míos y las chicas dejarían de estar contentas porque yo las mirara sin decir nada.

Ahora estaba de nuevo al principio de las cosas, de donde nunca había podido salir.

Ahora me miraba las palmas de las manos y percibía algo ajeno.

Ahora miraba al telegráfono y percibía algo ajeno.

Pensé que no tenía un pasado nuevo sino un futuro infinito.

We decided to devote part of the crab to the future.

The house was full of nines and, as at the phoney millennium, we were eager for the zeros to arrive.

* * *

I thought I couldn't stop pretending. If I stopped pretending, I'd lie down in the sun on the saharan beach and I'd dehydrate and vanish. Then the children would come and sweep away my bones with the crab shells.

I thought what I wanted was to be at the start of things.

I thought if I stopped pretending, the boys wouldn't want to be my friends any more and the girls wouldn't be happy because I gazed at them and didn't say anything.

Now I was back at the start of things. I'd never moved on from there.

Now I looked at my palms and noticed something alien.

Now I looked at the telegraphone and noticed something alien.

I thought I didn't have a new past but an endless future.

Yo quería un pasado nuevo para regalárselo a Inés.

Pensé que el cangrejo me colocaba al principio de las cosas.

* * *

Ahora los muertos eran como niños y los vivos éramos los adultos que teníamos que cuidarlos.

Yo sólo tenía un espacio.

Era un espacio lleno de silencio. Los viajeros venían y yo repartía el silencio y cada uno podía estar un rato consigo mismo.

Pensé que los viajeros eran como los muertos y que yo los cuidaba, pero era al contrario: nunca habían estado más vivos. No podía pasarles nada malo mientras siguieran viniendo a buscar el silencio.

Yo quería compartir ese silencio con Inés.

Inés estaba llena de palabras y no lo sabía.

Debajo de cada palabra hay otra palabra, pero debajo de algunas palabras ahora había silencio o no había nada.

El cangrejo caminaba debajo de algunas palabras y cuidaba la nada.

I wanted a new past so I could give it to Inés.

I thought the crab kept me at the start of things.

* * *

Now the dead were like children and we, the living, were the grown-ups who had to look after them.

I only had one space to be in.

It was a space filled with silence. The travellers came and I shared my silence with them and they could all spend some time communing with themselves.

I thought the travellers were like the dead and I looked after them, but it was just the opposite: they'd never been more alive. No harm could come to them while they went on coming in search of silence.

I wanted to share this silence with Inés.

Inés was filled with words, but she didn't know.

Beneath every word is another word, but beneath some words there was silence now or nothing.

The crab crawled beneath some words and cared for the nothing.

Yo quería cuidar a los muertos pero los otros niños no me dejaban.

* * *

Pensé que era todo lo contrario: los muertos son los adultos, los muertos cuidan a los vivos.

Ahora me resultaba fácil relacionarme con los nombres.

Pensé que tal vez Inés fuera sólo un nombre.

En mi primer recuerdo me daban de comer algo que no tenía nombre de comida.

El telegráfono era todo lo contrario de un nombre. A veces era lo único real.

Inés era dueña de una playa llena de nombres y yo tenía que barrerla.

Ella estaba despidiéndose de su nombre.

* * *

Para cultivar el jardín también necesitábamos paciencia y perseverancia.

Los muertos también tienen mucho tiempo.

I wanted to care for the dead, but the other children wouldn't let me.

* * *

I thought, it's just the opposite: the dead are the grown-ups, the dead look after the living.

Now it was easy for me to engage with names.

I thought that perhaps Inés was only a name.

In my earliest memory they gave me something to eat which didn't have the name of a food.

The telegraphone was just the opposite of a name. Sometimes he was the only real thing.

Inés owned a beach filled with names and I had to sweep it.

She was saying goodbye to her name.

* * *

Gardening also required patience and perseverance.

The dead too have time on their hands.

En mi espacio era todo lo contrario: sólo había breves fogonazos, máxima intermitencia, el ritmo entrecortado del fósforo.

Pensé que no quería un futuro infinito sino un futuro abierto.

A veces me quedaba en la casa y escuchaba cómo las pelotas botaban en el patio. Entonces todo estaba a punto de dejar de existir.

Yo había sido una de esas pelotas y por eso las siestas me parecían tan emocionantes.

Ella no podía despedirse del telegráfono.

Los niños no podían despedirse de la playa.

Yo no podía despedirme de tantas cosas y trataba de aprender palabras en el dialecto local para que las despedidas no fueran tan emocionantes.

* * *

Según cuenta la Biblia, el árbol que no produzca buen fruto ha de ser cortado y arrojado al fuego.

El telegráfono se había hecho amigo de los árboles.

In my space it was just the opposite: there were only brief flashes, maximum blink rate, the staccato rhythm of a struck match.

I thought I didn't want an endless future but an open future.

Sometimes I stayed inside the house and listened to the balls bouncing in the yard. Everything could cease to exist at any moment.

I had been one of those balls so siesta time was very emotional for me.

She couldn't say goodbye to the telegraphone.

The children couldn't say goodbye to the beach.

I couldn't say goodbye to so many things and I tried to learn words in the local dialect for the goodbyes not to be so emotional.

* * *

The Bible says, the tree that doesn't bear good fruit must be cut down and thrown in the fire.

The telegraphone had made friends with the trees.

Todos los días pronunciábamos unas palabras mágicas, de la mano, delante de un árbol, una ceremonia para que nos diera su energía milenaria y pudiéramos crecer fuertes y rectos como él.

Según cuenta la Biblia, todos los senderos sinuosos serán enderezados.

A mí me gustaban los senderos sinuosos y los desniveles y tenía miedo de que mi futuro infinito se cerrara.

Inés mandaba fotos de ciudades a las que ella no volvería nunca.

* * *

Para nosotros, el buen fruto era el fruto que nos dejara soñar, el fruto que dibujábamos en nuestra imaginación y en nuestras sesiones de dibujo.

Si un árbol nos permitía considerarlo fuerte y recto y extraer su energía milenaria, nos parecía que daba un fruto lo bastante bueno.

No queríamos arrojar ningún árbol al fuego.

El fuego era el cangrejo de los árboles, como los dibujos que colgaban en la pared eran el cangrejo de los dibujos futuros.

La superficie de las cosas era el cangrejo de las ideas.

Every day we chanted spells, hand in hand, by a tree, a rite so it might transmit to us its millennial vigour, and so we might grow strong and straight as the tree.

The Bible says, every winding road shall be straightened.

I liked winding roads and hills and feared my endless future might be closed to me.

Inés sent photos of cities she'd never see again.

* * *

For us the good fruit was the fruit which allowed us to dream, the fruit we drew in our imaginations, and when we sat down to draw.

If a tree allowed us to consider it strong and straight and to extract its millennial energy, it seemed to us to bear good fruit enough.

We didn't want to throw any trees in the fire.

The fire was the crab of the trees, as the drawings hanging on the walls were the crab of future drawings.

The surface of things was the crab of ideas.

La idea de que había algo debajo de la superficie de las cosas era el cangrejo de la superficie de las cosas.

Todo cangrejo sintetiza esperanzas y amenazas. Yo sólo quería un pasado nuevo. Todo el futuro era para el cangrejo.

* * *

Inés era dueña de muchísimas imágenes pero no las convertía en sueños.

Yo dibujaba todos mis sueños y escondía los dibujos en una caja.

El telegráfono soñaba sus dibujos.

* * *

Según cuenta la Biblia, cuando lo práctico se opone a lo simbólico, lo mejor es bailar.

Ella nos había dado lo que no tenía.

Yo quería darles dibujos al telegráfono, palabras a Inés, suerte a los niños y todo a ella, pero ellos ya tenían dibujos, palabras, suerte y todo.

Yo quería darle algo a alguien.

Pensé que ella nos seguía dando lo que no tenía.

The idea there was something beneath the surface of things was the crab of the surface of things.

Every crab blends hope and threat. I only wanted a new past. The crab could have all the futures.

* * *

Inés owned many images but didn't make them into dreams.

I drew all my dreams and hid the drawings in a box.

The telegraphone dreamt his drawings.

* * *

The Bible says, when pragmatism is at war with symbolism, it's better to dance.

She had given us what she didn't have.

I wanted to give the telegraphone drawings, Inés words, the children good luck, and her everything, but they already had drawings, words, good luck, and everything

I wanted to give somebody something.

I thought she kept giving us what she didn't have.

Ella tenía un cuerpo nuevo y no se acostumbraba a él. Tampoco se reconocía en su nueva voz.

En mi primer recuerdo todos bailaban y yo también.

* * *

Un día el telegráfono apareció en un sueño a traerme la verdad.

Según cuenta la Biblia, en cualquier acontecimiento doloroso hay tres fases: antes parece que va a ser devastador, después se siente que no era para tanto y sólo con el tiempo, cuando se empiezan a notar sus verdaderos efectos, se revela en toda su dimensión.

Pensé que no se decía nada sobre el momento en que pasan las cosas.

Pensé que a lo mejor sólo había fantasmas y duelo.

Pensé que no quería un pasado nuevo ni un futuro infinito ni abierto, sino que el tiempo desapareciera y quedarme con el telegráfono, con ella, con Inés, una ceremonia interminable, quietos, en silencio, llenos de palabras, escuchando cómo las pelotas botaban en el patio, una siesta líquida, sumergida, submarina, un polvo apocalíptico, una despedida inmóvil dibujando las desapariciones y disfrutando del sufrimiento y de la fragilidad.

She had a new body and she couldn't get used to it. And her new voice didn't sound like her.

In my earliest memory everyone was dancing and so was I.

* * *

One day the telegraphone came to me in a dream and brought me the truth.

The Bible says, any painful event comes in three phases: before, it seems it'll be devastating, afterwards, you feel it wasn't as bad as you thought, and only later, when you begin to take stock of its real consequence, is it seen revealed in all its dimensions.

I thought nothing was said about the moment things happen.

I thought perhaps there were only ghosts and mourning.

I thought I didn't want a new past or an endless or an open future, I only wanted time to vanish and just to have the telegraphone, her, Inés, an interminable rite, still, silent, filled with words, listening to the balls bounce in the yard, a liquid, submerged, underwater siesta, apocalyptic fucking, an unyielding goodbye, drawing the vanishings and enjoying suffering and fragility.

III

III

Ella era cada vez más grande. Su cuerpo era cada vez más pequeño.

Según cuenta la Biblia, las palabras son lo de menos.

El cangrejo pesaba en la espalda.

Los niños jugaban en la playa imitando al mar.

La economía imitaba a los niños que jugaban en la playa.

Yo no quería darles demasiado a los niños para no cobrárselo después.

Pensé que yo no se lo cobraría, que se lo cobraría el tiempo cuando ellos tuvieran niños.

Según cuenta la Biblia, las palabras son lo único que hay.

Cada vez venían menos viajeros a buscar mi silencio.

* * *

Pensé que los muertos cuidan a los vivos dejándonos creer que los cuidamos.

El tiempo era cada vez más corto. Los momentos eran cada vez más largos.

Mi silencio estaba cada vez más lleno.

She was getting bigger. Her body was getting smaller.

The Bible says, words are the least of it.

The crab was a weight on her shoulders.

The children played on the beach imitating the sea.

The economy imitated the children playing on the beach.

I didn't want to give the children too much so I wouldn't bill them for it later.

I thought I wouldn't bill them, time would bill them when they had children.

The Bible says, words are all there is.

Fewer and fewer tourists came for my silence.

* * *

I thought the dead care for the living letting us think it's we who care for them.

Time was getting shorter. Moments were getting longer.

My silence was getting fuller.

Inés estaba cada vez más sola.

Mi luna secreta y mi silencio estaban cada vez más alejados.

El telegráfono se escapaba por el agua y yo lo perseguía bajo las olas para enseñarle a vivir, y a través de las burbujas distinguía sus extremidades azules esquivando los cangrejos y las algas.

Pensé que el sufrimiento se alimenta de la energía y la multiplica.

Pensé que el sufrimiento es un indicio de energía.

El futuro estaba cada vez más lejos. A mí no me interesaba el futuro ni seguir soñando; lo único que quería era lavar cangrejos en agua salada.

A veces ella no nos veía. Era una forma de decirnos que no estábamos.

El tiempo estaba cada vez más vacío.

* * *

Había que dibujar muy despacio para que las cosas entraran en el papel.

Dibujar era una manera de inventar el tiempo.

Inés was getting lonelier.

My secret moon and my silence were getting further away.

The telegraphone escaped through the water and I chased him beneath the waves to teach him how to live, and through the bubbles I could see his blue extremities dodging the crabs and algae.

I thought suffering feeds on energy and multiplies it.

I thought suffering is a sign of energy.

The future was further and further away. I wasn't interested in the future or in still dreaming, all I wanted was to wash crabs in salt water.

Sometimes she couldn't see us. It was a way of telling us we weren't there.

Time was getting emptier.

* * *

You had to draw very slowly to get things into the paper.

Drawing was a way of inventing time.

Los niños dibujaban cada vez peor para escaparse del día.

Yo los perseguía acostado en una hamaca pensando que Inés era el jardín y los dibujos de sus árboles.

* * *

Me pregunté qué sabría el telegráfono y si el cangrejo también estaría aburrido.

Me pregunté si de verdad era mejor estar ahí que no estar.

Me pregunté qué sentiría Inés.

Los dibujos y las olas contestaban otras preguntas.

Me pregunté si los niños volverían alguna vez a ese verano como yo volvía a buscar frutas simbólicas a mi primer recuerdo cuando estaba aburrido o emocionado.

Me pregunté qué pensaría ella con las puntas de los dedos, con los pulmones, con la columna vertebral, cuando anochecía y empezaban a temblar las copas de los árboles y alzaban el vuelo los primeros recuerdos y el miedo y los placeres sensibles y los dibujos y la fragilidad.

En mi primer recuerdo no había preguntas. Pensé que eso se llama amor. Nunca me había gustado esa clase de ideas.

The children drew more and more badly to escape the day.

I chased them lying in a hammock, thinking that Inés was the garden and the drawings of the trees in the garden.

* * *

I wondered what the telegraphone might know and if the crab could be bored too.

I wondered if it was really better being here than not being here.

I wondered what Inés might be feeling.

The drawings and the waves answered other questions.

I wondered if the children would ever return to this summer as I returned to look for symbolic fruit in my earliest memory when I was bored or emotional.

I wondered what she might think in her fingertips, in her lungs, in her spine, when night fell and the treetops began to quiver and earliest memories and fear and sensual pleasures and drawings and fragility all took wing.

In my earliest memory there were no questions. I thought this is called love. That kind of idea had never appealed to me

* * *

Pensé que el verano pronto sería un pasado nuevo.

Pensé que cada acto es un camino hacia el recuerdo de un placer.

El sufrimiento era cada vez más pequeño.

El mar era cada vez más grande.

* * *

Pensé que cuando se acabara el cangrejo, todos dejaríamos de dormir y de fingir que dormíamos.

Un día recordé que me había olvidado de las velas.
Empecé a encender velas a la hora de la siesta.
Eso al telegráfono le gustaba mucho. Se quedaba mirándolas, inmóvil, hasta que se consumían.

Inés tenía cada vez menos olas.

Pensé en dibujar a Inés pero me sobraba sal.

* * *

El sol era un cangrejo en la oscuridad.

Nadábamos por la mañana y por la tarde, cuando había sol, entre el sol y las olas y las algas. No nadábamos

* * *

I thought the summer would soon be a new past.

I thought every act is a path to the memory of a pleasure.

Suffering was getting smaller.

The sea was getting bigger.

* * *

I thought when the crab was gone, we'd all stop sleeping or pretending to sleep.

One day I remembered I'd forgotten the candles. I began to light candles at siesta time. The telegraphone really liked this. He stood unyielding, watching them till they burnt down.

Inés owned fewer and fewer waves.

I thought of drawing Inés but I had salt to spare.

* * *

The sun was a crab in the dark.

We swam in the morning and in the afternoon, when it was sunny, amidst sun and waves and algae. We

para recorrer una distancia, ni para poder imaginar el mar, ni para aprender a dibujar el movimiento, ni para estimular la economía, ni para que ella nos viera, ni para imitar a Inés, ni para dormir mejor.

El sol nos hablaba de lo maravilloso y lo insoportable de las repeticiones.

No estudiábamos dibujo para aprender a dibujar, sino para aprender a transmitir el placer del dibujo.

* * *

Según cuenta la Biblia, nadie se va de repente.

Yo me iba cada vez más a repartir el silencio y me quedaba mirando las olas sin pensar en nada.

Mis primeros recuerdos se quemaron en un sueño.

El telegráfono se iba y se tiraba de cabeza al agua, se subía a una gaviota y se tiraba al mar, se subía a una nube, se subía al ladrido de un perro lejano o al ladrido del dibujo lejano de un perro y se tiraba de cabeza al campo, sobre el olor de las bolsas de heno y los montones de hojas de laurel.

Los niños se iban de repente.

didn't swim to cover a distance, or to be able to imagine the sea, or to draw movement, or to stimulate the economy, or so she'd see us, or to imitate Inés, or to sleep better.

The sun spoke to us about the wonder and horror of iteration.

We didn't study drawing to learn to draw, but to learn to convey the pleasure of drawing.

* * *

The Bible says, no-one goes off suddenly.

I went off more and more often to share my silence and I ended up gazing at the waves and thinking of nothing.

My earliest memories burnt in a dream.

The telegraphone went off and threw himself headfirst into the water, he mounted a seagull and threw himself into the sea, he mounted a cloud, he mounted the bark of a faraway dog or the bark of a faraway drawing of a dog and threw himself headfirst into the fields, onto the haystack smell and the piles of bay-leaves.

The children went off suddenly.

Inés se iba poco a poco, difuminada en los colores de los dibujos, convertida en todas las demás.

Ella estaba quieta.

* * *

Los chicos necesitaban saber qué comíamos, así que tuve que aprender a decir apio en el dialecto local.

Las chicas no nos miraban pero yo las veía.

Pensé que nadie se muere para siempre.

El color amarillo de los dibujos me hacía pensar en el cangrejo, pero el cangrejo me hacía pensar en el color amarillo.

El color blanco del pasado me hacía pensar en todos los colores de los dibujos y en las alas de Inés.

Inés estaba encerrada en una cárcel de libertad.

* * *

Según cuenta la Biblia, hace quinientos años hubo unos señores que pintaban iconos en las paredes de sus templos y ayunaban unos cuantos días antes de ponerse a trabajar. Qué diferentes de nosotros, que siempre dibujábamos saciados de apio, higos, tomates y limones. No nos hacía falta mayor desarreglo de

Inés went off little by little, blurred into the colours of the drawings, changed into all the other girls.

She was still.

* * *

The boys wanted to know what we were eating so I had to learn how to say celery in the local dialect.

The girls didn't look at us but I could see them.

I thought nobody dies forever.

The colour yellow of the drawings made me think about the crab, but the crab made me think about the colour yellow.

The colour white of the past made me think about all the colours of the drawings and about Inés's wings.

Inés was locked in a prison of freedom.

* * *

The Bible says, five hundred years ago there were men who painted icons on the walls of their places of worship and fasted for several days before beginning work. How different from us, who always drew stuffed with celery, figs, tomatoes and lemons. We needed no greater derangement of the senses than

todos los sentidos que el que nos provocaban la
esperanza, el verano, el sufrimiento y el propio hecho
de dibujar.

Con las paredes cubiertas de dibujos, la casa se parecía
cada vez más a un templo.

La quietud avanzaba hacia nosotros.

La mitología de los niños era cada vez más amplia.

No dibujábamos para imitar la realidad, sino para
inventar una realidad que ya existía al otro lado de las
cosas.

* * *

La casa dejó de existir. Era irreal. No teníamos casa.

Según cuenta la Biblia, hacer planes resulta menos
práctico que alimentar las fantasías.

El presente era un recuerdo bajo los árboles.

Inés era una hamaca vacía bajo los árboles.

Ella era un único verano que se extiende hacia el pasado.

El telegráfono era una nube cargada bajo los árboles.

that wrought in us by the summer and suffering and the drawing itself.

With the walls covered in drawings, the house looked more and more like a place of worship.

Stillness came towards us.

The children's mythology grew more and more elaborate.

We didn't draw to imitate reality, but to invent a reality already in existence on the other side of things.

* * *

The house no longer existed. It was unreal. We had no house.

The Bible says, making plans is less practical than feeding fantasies.

The present was a memory beneath the trees.

Inés was an empty hammock beneath the trees.

She was a single summer extending into the past.

The telegraphone was a heavily-laden cloud beneath the trees.

Las agujas de los pinos no eran el cangrejo de las montañas cercanas; nos acariciaban y nos mostraban el camino hacia el placer.

Mi silencio también era irreal. Ya sólo había palabras y sol y cangrejos y dialecto local, y el dialecto local era un silencio ajeno y carente de matices.

* * *

De la noche escolar surgió una extranjera que no tocaba el oboe sino el piano. No tenía alas; no hacía falta que yo las imaginara para ella.

Ahora me parecía inconcebible que alguien no supiera tocar el piano.

Pensé que en cualquier momento, en cualquier siesta, me despertaría fuera del tiempo.

* * *

Siempre me había fascinado el peso de las esperas, y ahora que el presente era espera, las esperas habían perdido su peso y flotaban sobre los árboles.

Según cuenta la Biblia, fuera del tiempo no hay esperas ni finales.

Ella nunca podría despertarse fuera del tiempo.

The pine-needles were not the crab of the nearby mountains; they caressed us and showed us the path to pleasure.

My silence too was unreal. Now there were only words and sun and crabs and local dialect and the local dialect was an alien silence with no light and shade.

* * *

From the school night came a foreign girl who didn't play the oboe, she played the piano. She had no wings; I didn't need to imagine them for her.

Now it seemed to me unthinkable that anyone should be unable to play the piano.

I thought that at any moment, during any siesta, I might wake up outside time.

* * *

I'd always been fascinated by the burden of awaiting, and now that the present was a matter of awaiting, the awaiting had become weightless and floated over the trees.

The Bible says, outside time there is no awaiting, and no end.

She could never wake up outside time.

Pensé que cuando se acabara el cangrejo, se acabarían todos los finales.

* * *

Pensé que la única manera de estar vivos es en el recuerdo de los otros.

Me imaginaba lo que Inés se imaginaba de mí, y pensé que Inés nunca sabría lo que yo me imaginaba de ella.

Pensé que en toda ceremonia cada participante se imagina que está viviendo otra cosa.

Pensé que en las ceremonias con el telegráfono yo trataba de salvarlo de la solemnidad.

Pensé que la esencia del verano es que se acaba.

Pensé que la esencia del verano es que no se acaba nunca.

Pensé que el verano no tenía esencia. Por eso podíamos dibujarlo.

* * *

Ella estaría viva en mis recuerdos, en los de la arena, en los de los dibujos y en los del telegráfono.

En el dialecto local había muchas menos palabras que en el nuestro. Pensé que el que tiene más palabras, tiene más problemas.

I thought when the crab was gone, all endings might go.

* * *

I thought the only way to be alive is in others' memories.

I imagined what Inés imagined about me, and I thought Inés would never know what I imagined about her.

I thought in every rite every participant imagines he is experiencing something else.

I thought in the rites with the telegraphone I was trying to save him from solemnity.

I thought the essence of summer is that it ends.

I thought the essence of summer is that it never ends.

I thought summer has no essence. Which was why we could draw it.

* * *

She would be alive in my memories, in those of the sand, in those of the drawings and in those of the telegraphone.

In the local dialect there were many fewer words than in ours. I thought if you have more words you have more problems.

Yo quería dibujar los recuerdos del telégrafono.

Quería conciliar la falta de solemnidad con el silencio y el exceso de palabras, y lo intentaba dibujando recuerdos del verano.

* * *

Pensé que la tristeza siempre procede de la comparación entre un antes y un después, que no hay tristeza sin conciencia del tiempo.

Estábamos presos en una cárcel de tiempo y no sabíamos cuándo íbamos a salir.

* * *

Nuestros dibujos eran cada vez más libres, pero la libertad es algo del cuerpo.

Ella algunas veces nos hablaba. Su dialecto luchaba contra el dialecto local.

El sol parecía siempre el mismo.

Pensé que la luna era el silencio y la libertad del sol.

Mi trabajo terminaba cuando los viajeros eran capaces de escuchar su propio silencio.

I wanted to draw the telegraphone's memories.

I wanted to reconcile the lack of solemnity with the silence and the too many words, and I tried to achieve this by drawing memories of the summer.

* * *

I thought sadness comes from comparing a before with an after, there is no sadness without the awareness of time.

We were locked up in a prison of time and had no idea when we would be released.

* * *

Our drawings were getting freer, but freedom is a thing of the body.

She spoke to us sometimes. Her dialect struggled with the local dialect.

The sun always looked the same.

I thought the moon was the silence and freedom of the sun.

My work was complete when the travellers could hear their own silence.

Pensé que el dialecto local se parecía al lenguaje del agua: nubes, agujas, cangrejos y olas, y el nueve al final de todo, como un sol, para volver a empezar.

Pensé que todos los muertos eran el mismo muerto.

* * *

Un día dibujamos una vela hecha de viento, un cangrejo hecho de verano, un aeropuerto hecho de recuerdos, un dialecto hecho de deseos contradictorios.

Según cuenta la Biblia, hay un pájaro hecho de cielo, un barco hecho de mar.

Según cuenta la Biblia, nadie tiene ningún interés por esa clase de dibujos.

Un día dibujamos un túnel, y después otro. Dibujamos una luna hecha de túneles, una luna hecha de nombres, un sol hecho de lunas, una luna hecha de agua.

Según cuenta la Biblia, nadie puede dibujar su luna secreta.

Dibujamos un pinar hecho de agujas, una hoja hecha de árboles, una mente hecha de dibujos, una palabra hecha de despedidas.

I thought the local dialect was like the language of water: clouds, needles, crabs and waves, and the nine at the end of everything, like a sun, to start all over again.

I thought all the dead people were the same dead.

* * *

One day we drew a sail made of wind, a crab made of summer, an airport made of memories, a dialect made of opposing desires.

The Bible says, there's a bird made of sky, a boat made of sea.

The Bible says, nobody has the least interest in that kind of drawing.

One day we drew a tunnel, and then another one. We drew a moon made of tunnels, a moon made of names, a sun made of moons, a moon made of water.

The Bible says, no-one can draw his secret moon.

We drew a pinewood made of needles, a leaf made of trees, a mind made of drawings, a word made of goodbyes.

Dibujamos un pasado hecho de niños, una ola hecha de olas, un mar hecho de símbolos y senderos sinuosos.

Dibujamos una playa hecha de escobas y miedo y ganas de volar.

* * *

Algunas tardes nos quedábamos en la playa cuando los socorristas ya se habían ido.

Escuchábamos el diálogo de las olas y el viento y mirábamos las pequeñas marcas que había sobre la arena, los restos del día, un idioma sin abstracciones.

El telegráfono se alejaba y yo me acercaba a su distancia. Había que respetar todas sus distancias. Eso me preocupaba mucho.

Las olas se alejaban del viento que las empujaba lejos.

Ella se alejaba de todo y se acercaba a todo, y hacía falta un idioma con abstracciones para tratar de entender su deriva y su vaivén.

* * *

En sus largas excursiones por la playa, el telegráfono pescaba cangrejos.

We drew a past made of children, a wave made of waves, a sea made of symbols and winding paths.

We drew a beach made of brooms and fear and the wish to take to the air.

* * *

Sometimes we stayed on the beach after the lifeguards had gone.

We listened to the dialogue between the wind and the waves and looked at the marks there were in the sand, the remains of the day, a language with no abstract nouns.

The telegraphone withdrew and I approached his distance. All these distances had to be respected. That was much on my mind.

The waves withdrew from the wind that pushed them further out.

She withdrew from everything and approached everything, and you needed a language with abstract nouns to try and grasp her drift and oscillation.

* * *

On his long excursions up the beach, the telegraphone fished for crabs.

Según cuenta la Biblia, la mejor manera de pescar un cangrejo es coger una lapa, separar la carne de la concha y anudarla al extremo de un cordel. Después se sumerge el cordel y el cangrejo se lanza desde su roca, nadando bajo el agua, y atrapa el cebo y no lo suelta cuando uno tira del cordel hasta que saca el cangrejo y lo deposita en un cubo rojo.

La mejor manera de pescar un cangrejo tenía que ser la más divertida.

El telegráfono cogía los cangrejos de modo que sus pinzas no pudieran hacerle ningún daño.

A veces los cogía por una pata y los sostenía en el aire. El cangrejo parecía bailar, suspendido en un cielo minúsculo, agitando las otras nueve patas, tal vez esperando, tal vez aterrorizado, tal vez simplemente cumpliendo con sus actividades cotidianas, tal vez soñando con dibujos en los que no volvería a aparecer hasta dentro de algún tiempo, sintiendo una pata, nueve patas, mientras un universo enorme y extraño resolvía su destino sin prisa, sin ansiedad.

The Bible says, the best way to fish for crabs is to get a limpet, cut the meat out of the shell and tie it onto a string. Then you lower the string into the water and the crab leaps from its rock, swims underwater and seizes the bait and doesn't let go when you pull on the string until you've hoiked out the crab and dropped it into a red bucket

The best way to fish for a crab had to be the most fun way.

The telegraphone picked up the crabs in such a way that their pincers couldn't hurt him.

Sometimes he picked them up by one leg and held them up in the air. The crab seemed to be dancing, hanging in a tiny sky, waving its other nine legs, maybe hopeful, maybe terrified, maybe just going about its business, maybe dreaming of drawings it wouldn't appear in again for a good while, feeling one leg, nine legs, while a vast strange universe decided its fate unhurriedly, unworriedly.

CPSIA information can be obtained
at www.ICGtesting.com
Printed in the USA
LVHW092140070119
603099LV00001B/38/P